アレンジしやすくてカンタンかわいい

小さなスタイと赤ちゃん小物

日本文芸社

はじめに

赤ちゃんは家族にとっての宝物。
生まれてきてくれた大切な赤ちゃんだからこそ、
手作りのものをプレゼントしてあげたいですよね。

本書では、まだ小さな赤ちゃんに
使ってほしい手作りアイテムをご紹介。
その中でも、何枚あっても困らないスタイ（ビブ）を、
バリエーション豊かに取りそろえました。

作るのに、特別なテクニックは必要ありません。
赤ちゃんのことを想い、
愛情たっぷりに仕上げましょう。
慣れてきたら、アレンジを加えて
世界に1つだけのアイテムを作ってみましょう。

赤ちゃんのことを想いながら、
素材や布を選んだり、チクチクと縫っていくのは
とても豊かな時間だと思います。
本書がそのお手伝いになってくれれば幸いです。

contents

マーガレットの刺しゅうスタイ ―――― 6
やさしいうさぎのスタイ ―――― 8
ワンポイントたまご形スタイ ―――― 9
シンプルたまご形ふわふわスタイ ―――― 10
ひもで調節ぽんぽんスタイ ―――― 12
ひも式レーススタイ ―――― 14
おでかけチュールスタイ ―――― 15
フリル付きスタイ ―――― 16
森のスタイ ―――― 18
いちごのスタイ ―――― 20
首元がゴムのリバーシブルスタイ ―――― 21
360度使えるもくもくスタイ ―――― 22
リバーシブルフリルスタイ ―――― 24

リスのにぎにぎ ―――― 26
うさぎとくまのぬいぐるみ ―――― 28
リボンのヘアピン ―――― 30
リボンのターバン ―――― 31
パッチワークのおくるみ ―――― 32
マーガレットのミトン ―――― 34

基本の道具	36
布について	38
布の種類	39
型紙について	40
手縫いの基本	41
刺しゅうについて	42

Before Making...
覚えておきたいソーイング用語① ─── 35

How to Make...
覚えておきたいソーイング用語② ─── 43

作るときの注意点

＊ボタンなどの装飾パーツは、赤ちゃんが誤飲してしまう恐れがあります。使用する際はしっかりと縫いとめましょう。

＊制作には針やはさみなどの鋭利なものを使用します。必ず、小さなお子さまの手の届かないところで作業しましょう。また、作業が終わったら針の本数をきちんと確認しましょう。

＊でき上がった作品は、実際に使用する前に、ボタンなどの装飾パーツが外れていないか、まち針の取り忘れがないかなどをしっかりと確認しましょう。

＊スタイはゆるすぎるとしっかりとよだれをキャッチできず、逆にきつすぎると大変危険です。スナップボタンなどを付ける前に実際に巻くなどしてサイズを調整しましょう。

難易度の表記について

本書では難易度をA〜Cの三段階で表示しています。
A…初心者におすすめ ／**B**…比較的簡単 ／**C**…慣れてきた人向け

花の色を変えるのも◎
胸元、首元のお花を、好きな色や好きな花の
デザインに変えるのもおすすめ。特別なスタ
イになります。

 NO.1

マーガレットの
刺しゅうスタイ

可憐に咲くマーガレットの花を
胸元と首元にあしらった、やさしいスタイ。
華やかさと上品さで、
ワンランク上のコーディネートをお楽しみください。

Make ● 佐藤あゆみ (cocoro)
難易度 How to Make ● P.44
 実物大型紙 ● B面

やさしいうさぎのスタイ

NO.2

首元がうさぎの耳になっているスタイ。ダブルガーゼで肌に優しく、よだれもしっかり吸い取ります。おそろいのターバン(P.31)と合わせれば、お出かけにぴったりなコーディネートが完成です。

難易度
A

Make ● 佐藤あゆみ (cocoro)
How to Make ● P.45
実物大型紙 ● B面

NO.3

ワンポイント
たまご形スタイ

離乳食が始まった赤ちゃん用に、
食べこぼしを防ぐ、
ポケット付きのスタイです。
無地のリネンを使った
シンプルなデザインは、
首元のアップリケと
アンティークボタンがポイントです。

難易度 A

Make ● 奥山千晴
How to Make ● P.46
実物大型紙 ● A面

生地を変えて使いやすさUP
生地をビニールコーティングにすると、汚れが拭きやすくなり、お食事スタイがより便利な1枚になります。

NO.4

シンプルたまご形 ふわふわスタイ

基本の形のスタイは、布の素材や柄を変えるだけで
さまざまな雰囲気で作ることができます。
今回は8重ガーゼを使うことで吸水性をUP！
首元はプラスナップなので金属アレルギーでも安心です。

難易度 A

Make ● TOUKA
How to Make ● P.47
実物大型紙 ● B面

NO.5

 NO.6

ひもで調節
ぽんぽんスタイ

赤ちゃんの成長に合わせて、
ひもで首回りが調節できるスタイ。
直接肌に触れる首元は、
ダブルガーゼで優しく。
縁にあしらった小さなぽんぽんが、
かわいさを引き立てます。
リバーシブルなので気分で使い分けても。

難易度 C

Make ● 佐藤あゆみ (cocoro)
How to Make ● P.48
実物大型紙 ● A面

NO.7 ひも式レーススタイ

レースがとってもかわいいスタイです。
付けるレースや表地の布によってシンプルにも華やかにもなります。
後ろはひもになっているので、長さが自由に調節できます。

Make ● Joli Liberte
How to Make ● P.49
難易度 **B**　実物大型紙 ● B面

アレンジ方法はさまざま

レースをフリンジにするとシックな雰囲気に。首元のひもをショートレースやオーガンジーにすると、後ろ姿が品良くなり、かわいさUP！

NO.8 おでかけチュールスタイ

ギャザー部分の透け感と花柄がかわいいチュールのスタイ。
お洋服がシンプルでも、このスタイ一枚で一気に華やかに。
やわらかいソフトチュールは手触りもやさしいので、赤ちゃんのやわらかい肌に触れても安心です。

難易度 C

Make ● Joli Liberte
How to Make ● P.50
実物大型紙 ● A面

NO.9

フリル付きスタイ

肩の部分にレースのフリルが付いた、
女の子らしいデザインのスタイ。
幅広のレースを使うことでお洋服スタイルに。
黄色とグレーが落ち着いた雰囲気を出してくれます。

難易度 A

Make ● 奥山千晴
How to Make ● P.51
実物大型紙 ● B面

森のスタイ

まるで絵本の中から飛び出してきたようなスタイ。木のボタンを付ければあたたかい雰囲気に、ぽんぽんを付ければ赤ずきんちゃん風になります。色違いで楽しめる、ナチュラルでかわいいスタイです。

難易度 A

Make ● 佐藤あゆみ（cocoro）
How to Make ● P.52、P.53
実物大型紙 ● A面

ひもで雰囲気チェンジも◎

襟や生地の色を変えるのはもちろん、ひもをチロリアンテープなどにするのもおすすめ。ぽんぽんは、リボン結びにしても◎。

NO.12

いちごのスタイ

ドット柄をいちごに見立て、
葉を付けたいちごのスタイ。
葉の部分に6重ガーゼを使用することで、
肌触りも良く吸水性もばっちり。
見た目のかわいさと機能性にも満足できる一枚です。

難易度 B

Make ● TOUKA
How to Make ● P.54
実物大型紙 ● B面

NO.13

首元がゴムの
リバーシブルスタイ

さっとあたまに通してすぐに使えるスタイ。
赤ちゃんが引っぱっても取れないようになっています。
さらに、表と裏で使えるリバーシブルタイプ。
赤ちゃんの首のサイズに合わせて、
首ひものゴムの長さを調節しましょう。

Make ● 奥山千晴
難易度　How to Make ● P.55

実物大型紙 ● A面

360度使えるもくもくスタイ

いつのまにかくるっと回ってスタイが背中側に…なんてことも、このもくもくスタイなら心配はいりません。
襟のような見た目はコーディネートのアクセントにもなり、一枚で充実のアイテムです。

難易度
B

Make ● TOLKA
How to Make ● P.56
実物大型紙 ● B面

NO.16 リバーシブルフリルスタイ

レース生地とシンプルな白のダブルガーゼのリバーシブルスタイ。
お洋服やその日の気分に合わせて、二通り楽しむことができます。
丸い形なので、スタイがくるっと回っても大丈夫。
ポイントにリボンを添えるのも◎。

難易度 C

Make ● Joli Liberte
How to Make ● P.57
実物大型紙 ● A面

NO.17 リスのにぎにぎ

かわいいリスをモチーフにしたにぎにぎです。
やさしい色合いに、ブラウンの小さな目がポイント。
森のスタイ(P.18)と合わせて、
生まれてくる赤ちゃんのプレゼントにもぴったりです。

難易度 A

Make ● 佐藤あゆみ(cocoro)
How to Make ● P.58
実物大型紙 ● B面

音の出るおもちゃにも
綿のかわりに鈴やビニール袋を入れると、赤ちゃんが大好きなガラガラに大変身。

うさぎとくまの
ぬいぐるみ

ほんわかとした表情の
うさぎさんとくまさんのぬいぐるみ。
色や首元のモチーフを変えて、
オリジナルを目指してみては？
中に入れる素材でも変化を楽しんで。

難易度
A

Make ● 奥山千晴
How to Make ● P.59
実物大型紙 ● A面

NO.20 リボンのヘアピン

ヘアピンに一工夫加えて女の子らしいピンに。
リボンの形を作ってボンドで止め
かわいいボタンをアクセントにしました。

※生後間もない赤ちゃんへのご使用は十分ご注意ください。
　2～3歳からのご使用ががおすすめです。

難易度

Make ● 奥山千晴
How to Make ● P.60
実物大型紙 ● なし

NO.21 リボンのターバン

ふっくら芯の入ったリボンがポイントのダブルガーゼターバン。
やわらかいゴムが頭にフィットして、痛くなりません。
うさぎのスタイと一緒に身に付ければ、褒められファッションに。

難易度 B

Make ● 佐藤あゆみ(cocoro)
How to Make ● P.61
実物大型紙 ● B面

パッチワークの おくるみ

NO.22

15cm程の小さなはぎれを組み合わせて、おくるみにしました。
いろいろな柄や素材を合わせて、オリジナルのおくるみをつくりましょう。
角には小さなタッセルを付けてアクセントに。

難易度 A

Make ● 奥山千晴
How to Make ● P.62
実物大型紙 ● なし

NO.23 マーガレットのミトン

マーガレットの刺しゅうを左右にあしらった上品なミトンは、
引っかいたときに顔を傷付けないためのアイテム。
マーガレット刺しゅうのスタイ（P.6）と合わせて
コーディネートを楽しんで。

難易度 A

Make ● 佐藤あゆみ（cocoro）
How to Make ● P.63
実物大型紙 ● B面

ぽんぽんやリボンも◎
刺しゅうの代わりにぽんぽんやリボンを付けるとかわいい雰囲気になります。

Before Making...

覚えておきたいソーイング用語 ①

中表	二枚のパーツの表面が どちらも内側になるように合わせること。 多くは縫い合わせたあとに表に返します。
外表	二枚のパーツの表面が どちらも外側になるように合わせること。
返し口	中表に縫い合わせたあとに、 表に返すために残す「あき」のこと。
縫い代	布を縫い合わせるときに必要な布幅のこと。 表に出ないで縫い込まれます。
でき上がり線	「仕上がり線」とも言います。 縫い上がったときのサイズを示す線のこと。
型紙	布を裁つために、使用するパーツの形に切った 紙のこと。「パターン」とも言います。

基本の道具

ソーイング用の道具や材料は便利なものが多くありますが、ここでは基本的な道具を紹介します。

はじめにそろえる道具

針
針の大きさはミシンの種類や布に合わせて選びましょう。

ピンクッション
作業中に手元に置き、縫い針やまち針を刺すためのもの。刺しやすく安定感のあるものを使いましょう。

糸
丈夫でなめらかなポリエステル類のものがおすすめ。布に合わせて色を選びましょう。

まち針
二枚以上の布を断裁、縫い合わせるときに、ズレないようにするためのもの。

裁ちばさみ、糸切りばさみ
布や糸を断裁するためのもの。用途以外で使用すると、切れ味が悪くなるので注意が必要です。

メジャー・定規
採寸や縫い代、カーブの計測に使用。竹尺のほかにも方眼定規もおすすめです。

チャコペン
印を付けるためのもの。水をつけると消えるタイプもおすすめです。

ハトロン紙
実物大型紙を写して、型を作るときに使用します。

アイロン
地直しや仕上げ、折り目を付けるときなどに使用します。

あると便利な道具

ルレット
紙や布に印を付けるときに使用。小さい穴を開けて印を付けるので、リネンなどにおすすめです。

リッパー
縫い目の糸を切るときなどに使用。生地を傷付けない玉突きリッパーがおすすめです。

目打ち
布に穴を開けるときなどに使用します。

ひも通し
ゴムテープやひもを通すときに使用します。

手芸用ボンド
縫わずに貼り合せることができます。糸始末にもおすすめです。

手芸綿
ぬいぐるみの中に入れたり、厚みを出したいときに使用します。

便利な副資材

マジックテープ
アイロンタイプやシールタイプ、縫い付けるタイプなど種類は豊富です。

スナップボタン
縫い付けるタイプのスナップボタン。入手しやすく、サイズも豊富です。

ワンタッチプラスナップ
目打ちなどを使って簡単に付けられるタイプのスナップボタンです。

布について

布の名称や下準備のやり方など、縫い始める前に、ソーイングの基本知識として覚えておくと良いでしょう。

布の名称と布地の向きの確認

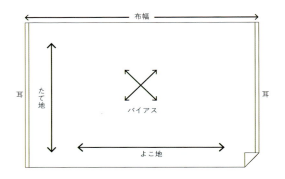

たて地・よこ地

布にはたて・よこの方向があり、それぞれ『たて地』『よこ地』と言います。少し引っ張ってみて伸びにくいのが『たて地』、伸びやすいのが『よこ地』です。洋服を作るときなどは特に、伸びにくい性質を考慮して『たて地』に合わせて断裁します。
型紙に描かれている矢印は『たて地』の方向を示します。

バイアス

布目に対して45度斜めのことを『バイアス』と言います。最も生地が伸びる方向なので、バイアステープとしてふちどり始末などに使用します。

耳

布地が織られた方向の両端のことを『耳』と呼び、少し固くなっていたり、メーカー名がプリントされていることもあります。この部分は特に密に織られていて、ほつれにくい性質があります。

スタイはどの向きで？

スタイを作るときの布はたて向きで使うのがベター。洋服ほど大きく影響はありませんが、断裁や縫い合わせなども含め、仕上がりが変わってきます。

地直しについて

新しい布は布目がゆがんでいることが多く、そのまま断裁してしまうと、でき上がってから型崩れしてしまうなどのトラブルが起こることも。そこで、まずは生地の下準備からはじめましょう。

①1時間ほど水につけ、たたんだ内側まで十分に水を含ませます。プリント地は色のにじみがないことを確かめてから水の中につけましょう。

②布地を中表にしてシワを伸ばし、陰干しをします。完全に乾かすのではなく生乾き程度まで乾かします。

③布のゆがみを両手で引っ張り、裁ち目が直角になるよう整えます。その際三角定規やL定規などを当て、どちらの方にゆがんでいるかを確かめながらすると良いでしょう。

④布地の裏側からアイロンをかけます。たてとよこの布目に沿って、目を正していきます。このとき、アイロンを斜めにかけないよう注意しましょう。

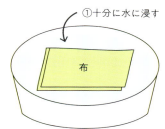

①十分に水に浸す

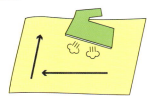

④布目に沿ってアイロンをかける

布の種類

ベビー用品を作るうえで気になる「素材」について説明します。用途に合わせて使い分けましょう。

1 ダブルガーゼ
肌触りが良くふんわりとした素材で、ベビー用品定番の布地。プリント地や無地など種類も豊富。比較的薄めなので、他の素材と組み合わせたり、ダブルガーゼを重ね合わせて使うと良いでしょう。

2 コットンパイル（タオル）
糸がループ状に出ている生地で、吸水性が良く、しなやかさが特徴。よだれの多い子や食事用のスタイ、おもちゃなどにおすすめ。裏地としても活躍します。

3 コットンリネン（綿麻）
コットン（綿）とリネン（麻）で織られた生地で、コットンの肌触りの良さと、リネンの吸水性、乾きの良さなどを組み合わせた生地。断裁しやすく、縫いやすいので手芸初心者にもおすすめ。

4 ブロード
平織りのコットン素材で、針通りも良くやわらかい薄めの生地。手芸初心者にも縫いやすく、またプリント地や無地など種類も豊富なので、さまざまな用途として使いやすい生地です。

5 キルティング
布と布の間にキルト芯を入れて一枚の布にした生地。厚手の生地で保湿性が高いため、おくるみのようなアイテムに使用するのがおすすめです。

6 綿ローン
綿を平織りし、絹のようなしなやかさと艶が特徴。上質な薄手の生地で、上品な仕上がりになりやすいです。他の布と組み合わせ、表布として活躍します。

型紙について

型紙から型を取って、布を断裁していきましょう。
厚紙で型をつくれば、同じ形でのアレンジがしやすくなります。

パーツごとに裁つ場合

型を作る
型紙の上にハトロン紙をのせ、でき上がり線を写します。線に沿ってカットし型を作ります。

布に固定する
布の裏に型の裏を上にして置き、まち針で固定します。

でき上がり線を引く
型紙に沿うように、でき上がり線を引きます。

縫い代を作る
でき上がり線から約1cm程のところに縫い代の線を入れ、縫い代を作ります。

布を裁つ
布を裁つときは裁ちばさみを布に対して垂直に当て、刃を下に付けたまま切ります。

でき上がり
裏地や中芯、細かいパーツなども同じように作っていきましょう。

「わ」で裁つ場合

型紙をつくる
型紙をハトロン紙に写し、カットして型をつくります。

布に固定する
生地を外表に折り、布と型紙の「わ」の位置を合わせまち針で止めます。

縫い代を作り、布を裁つ
でき上がり線から約1cmのところに縫い代の線を引き、二枚一緒に裁ちます。

手縫いの基本

基本はミシンでも、最後の仕上げは手縫いになることも。
基本の縫い方を覚えて、アイテムを仕上げていきましょう。

基本の手縫い

なみ縫い
手縫いの基本的な縫い方です。表と裏同じ針目で
まっすぐに縫います。

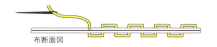

たてまつり縫い
しっかりと縫い合わせる縫い方で、縫い目が直角に出ます。縫い
合わせの際に活躍します。

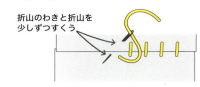

まち針の打ち方

きれいに縫い上げるために
は、まち針の打ち方も重要で
す。ポイントは、でき上がり線
の印をきちんと合わせること。
きちんと固定して、正確に縫
いましょう。

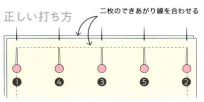

はじめに両端にまち針を打ってから中心に打ってい
きます。針の向きは布端に対して直角に打ちます。

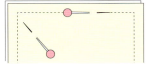

まち針の打ち方のNG例。

スナップボタンの付け方

1 スナップの穴から針を出す
布に固定したスナップボタン
の後ろから針を刺し、表側へ
向かって穴から針を出します。

2 輪にくぐらせる
脇の部分を拾い、1つ前でで
きた輪に針をくぐらせる。こ
れを3回繰り返します。

3 他の穴も同様に縫う
残りの3つの穴も同じように
縫い、固定します。

4 仕上げ
脇で玉止めをし、針を下方向
へ刺し玉止めをもぐらせて完
成です。

刺しゅうについて

ちょっとしたワンポイントができれば、それはオリジナルの第一歩。ここでは、基本的な刺しゅうのやり方を説明します。

アウトラインステッチ

1 布の裏側から針を入れ、図案の線上に糸を出す。

2 一目分進んだ位置に針を入れ、半分戻って針を出す。

3 針を入れて半分戻るをくり返して刺し進める。

4 でき上がり。

ストレートステッチ

1 図案の始点から針を出し、終点に針を入れる。

2 近い位置に複数刺すときは、糸は切らずに続ける。

3 でき上がり。

4 刺し終わりの糸端は裏側で結び玉を作る。

サテンステッチ

1 図案の内側を二~三針すくい、図案線上に針を出す。

2 図案の中心に端から端まで糸を渡す。

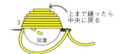
3 糸を平行に並べるようにし、上半分を縫い進める。

4 上が終わったら下も同様に縫い、でき上がり。

フライステッチ

1 1と2の間に渡った糸を、3で出した針にかけます。

2 針を抜き、糸を下に引いて引きしめる。

3 4に針を入れてとめる。

4 でき上がり。

フレンチノットステッチ

1 布の表側で針を抜き、針に糸を二回巻きつける。

2 上へ向けた針先を、糸が出ている部分の脇に刺す。

3 刺した針を垂直に立て、針を裏側へ抜く。

4 でき上がり。

ブランケットステッチ

1 布の裏側に玉止めがくるように針を刺す。

2 縦になる長さの位置に針を入れ、糸を針にかける。

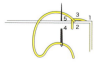
3 次の一針の縦を刺し、刺し進める。

4 でき上がり。

How to Make...

覚えておきたいソーイング用語 ②

切り込み　布を曲線で縫い合わせたとき、
そのまま表に返すと
縫い代がひきつれてしまうため、
縫い代に2〜3mm程度はさみで
切り込みを入れること。急なカーブほど
切り込み同士の間隔を細かく取ります。

ギャザー　ぐし縫いや粗いミシン目を使って
布の端を縫い縮めて、細かくひだを寄せたもの。

しつけ　本縫いをする前にゆがみやズレが生じないように、
仮に粗く縫い合わせておくこと。

ドミット芯　綿を板状に加工した、
ふっくらと厚みのある芯のこと。
ふくらみをや厚さを出したいときに使用します。

パイピング　テープ状に裁った布やリボンなどで、
布の端をくるむ縁取りのこと。
そのままひもとして使用することもあります。

※サイズの表記は特に指定のない場合縦×横cmで表しています。

NO.1 マーガレットの刺しゅうスタイ

作品掲載 ● P.6-7
難易度 ● B
仕上がりサイズ ● 26×18cm
実物大型紙 ● B面

材料 ● 表布／シーチング〈生成り〉：30×25cm
裏布／シーチング〈生成り〉：30×25cm
中芯／ドミット芯：30×25cm
刺しゅう糸／25番〈黄色・生成り・黄緑〉：適量
毛糸／洗える毛糸〈黄・生成り〉合太：適量
留め具／スナップボタン〈白〉8.6mm：1セット
かぎ針3/0号

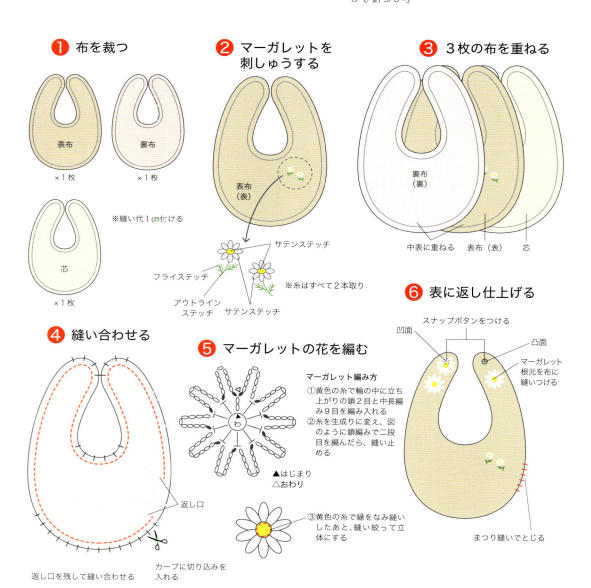

NO.2 やさしいうさぎのスタイ

作品掲載 ● P.8
難易度 ● A
仕上がりサイズ 26×18cm
実物大型紙 ● B面

材料 ● 表布／ダブルガーゼ〈白〉：30×25cm
　　　裏布／ダブルガーゼ〈白〉：30×25cm
　　　中芯／ドミット芯：30×25cm
　　　耳布／ダブルガーゼ〈グレーベージュドット〉：
　　　　40×20cm
　　　刺しゅう糸／25番〈グレー〉：適量
　　　留め具／スナップボタン〈白〉8.6mm：1セット

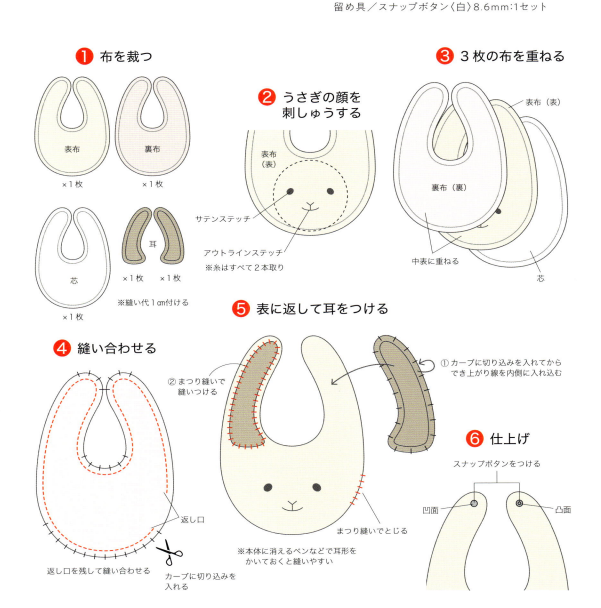

NO.3 ワンポイントたまご形スタイ

作品掲載 ● P.9
難易度 ● A
仕上がりサイズ ● 32.5×24.5cm
実物大型紙 ● A面

材料 ● 表布／リネン〈ナチュラル〉:50×30cm
裏布／ガーゼ〈柄〉:50×30cm
アップリケ／綿ローン〈柄〉:6×8cm
刺しゅう糸／25番〈ピンク〉:適量
留め具／スナップボタン12mm:1セット
アンティークボタン／1個

❶ 布を裁つ

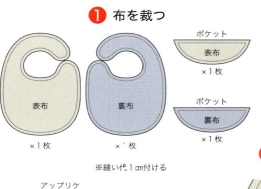

❷ ポケットを縫う

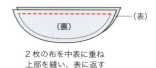

2枚の布を中表に重ね
上部を縫い、表に返す

❸ アップリケをつける

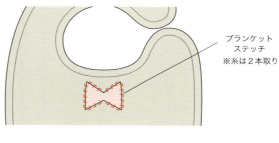

ブランケット
ステッチ
※糸は2本取り

❹ 2枚の布とポケットを
重ね、縫い合わせる

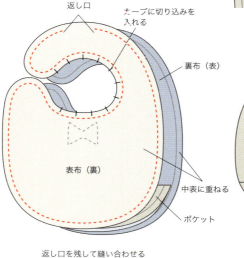

返し口を残して縫い合わせる

❺ 表に返す

まつり縫いで
とじる

❻ 仕上げ

表面にアンティークボタン、
裏面にスナップボタンの
凸面をそれぞれ縫い付ける

スナップボタンの凹面を縫い付ける

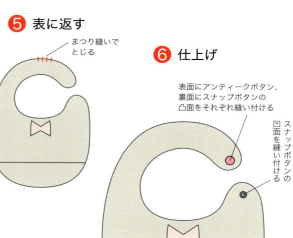

NO.4 NO.5 シンプルたまご形ふわふわスタイ

作品掲載 ● P.10-11
難易度 ● A
仕上がりサイズ ● 26×19cm
実物大型紙 ● B面

材料 ● 表布／6重ガーゼ〈NO.4:黄色柄・NO.5.青柄〉:
　　　　30×22cm
　　　裏布／ダブルガーゼ〈NO.4:星柄・NO.5ストライプ柄〉:
　　　　30×22cm
　　　留め具／プラスナップ〈白〉10mm:1セット
　　　オリジナルタグ／1枚

❶ 布を裁つ

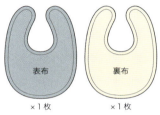

※縫い代1cm付ける

❷ お好みの位置にタグを付ける

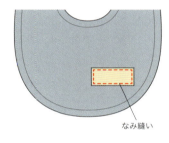

なみ縫い

❸ 2枚の布を重ねる

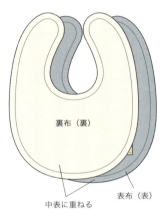

裏布（裏）
中表に重ねる
表布（表）

❹ 縫い合わせる

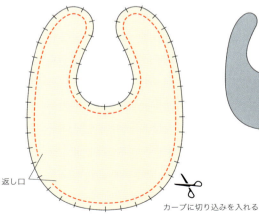

返し口
カーブに切り込みを入れる
返し口を残して縫い合わせる

❺ 表に返す

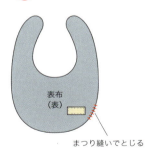

表布（表）
まつり縫いでとじる

❻ 仕上げ

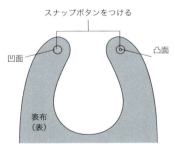

スナップボタンをつける
凹面　凸面
表布（表）

NO.6 ひもで調節ぽんぽんスタイ

作品掲載 ● P.12-13
難易度 ● C
仕上がりサイズ ● 13×19cm
（本体のみ）
実物大型紙 ● A面

材料 ● 表布／シーチング〈柄〉：25×25cm
表布／コットンリネン〈ベージュ〉：25×25cm
中芯／ドミット芯：25×25cm
パイピング布／ダブルガーゼ〈生成り〉：4×60cm
ぽんぽんテープ／ナイロン〈白〉：55cm

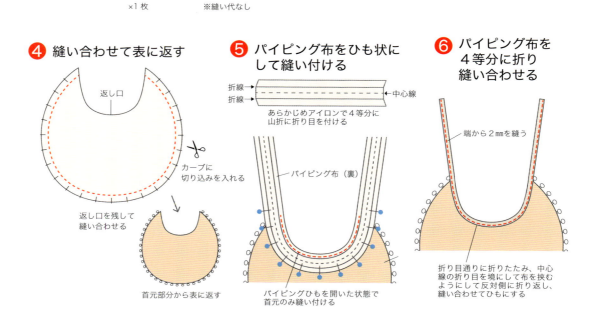

48

No.7 ひも式レーススタイ

作品掲載 ● P.14
難易度 ● B
仕上がりサイズ ● 23×20cm
　　　　　　（本体のみ）
実物大型紙 ● B面

材料 ● 表布／ダブルガーゼ〈黄〉：30×25cm
裏布／ダブルガーゼ〈生成り〉：30×25cm
中芯／ドミット芯：30×25cm
レース／3×30cm
首ひも／ひも〈黄色〉：30cm×2本

❶ 布を裁つ

※縫い代1cm付ける

❷ 3枚の布を重ねる

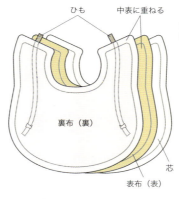

ひもは内側にはさみ、1cm程出す

❸ 縫い合わせる

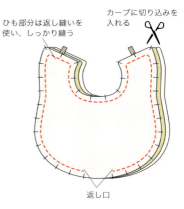

返し口を残して縫い合わせる

❹ 表に返す

まつり縫いでとじる

❺ レースをつける

レースをスタイのすその長さより1cmほど長めにカットする

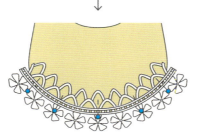

レースとスタイの中心をそろえ、スタイの縁に沿わせるようにしてまち針でとめる

レースの左右の端を内側に折り込み、同系色の糸を使い、レースの上下を縫う。裏布に縫い目が出ないように、表地をすくうように縫う

NO.8 おでかけチュールスタイ

作品掲載 ● P.15
難易度 ● C
仕上がりサイズ ● 35×35cm
実物大型紙 ● A面

材料 ● 表布／綿ローン〈柄〉:35×35cm
裏布／ダブルガーゼ〈生成り〉:35×35cm
中芯／ドミット芯:35×35cm
ソフトチュール／白:160×20cm
ケミカルレース／白:1×70cm
留め具／プラスナップ〈白〉13mm:1セット

❶ 布を裁つ

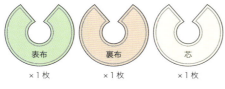

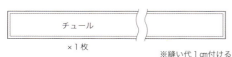

※縫い代1cm付ける

❷ チュールにギャザーを寄せる

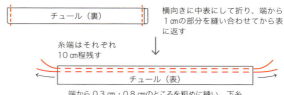

横向きに中表にして折り、端から1cmの部分を縫い合わせてから表に返す

糸端はそれぞれ10cm程残す

端から0.3cm・0.8cmのところを粗めに縫い、下糸2本を一緒に引っ張りギャザーを寄せる。その際、糸端はそのままにする

❸ 表布にレースとチュールを縫い付ける

❹ 3枚の布を重ねて縫い合わせる

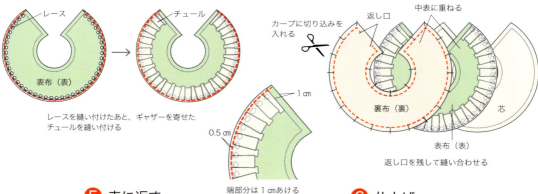

レースを縫い付けたあと、ギャザーを寄せたチュールを縫い付ける

端部分は1cmあける

返し口を残して縫い合わせる

❺ 表に返す

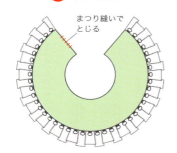

まつり縫いでとじる

❻ 仕上げ

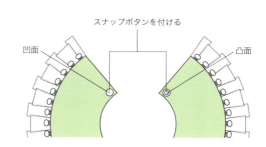

スナップボタンを付ける

凹面　　凸面

50

NO.9 フリル付きスタイ

作品掲載 ● P.16-17
難易度 ● A
仕上がりサイズ ● 22×24.5cm
実物大型紙 ● B面

材料 ●
表布／綿ローン〈柄〉：30×30cm
裏布／綿ローン〈柄〉：30×30cm
幅広レース／綿100％：25cm×2本
留め具／面ファスナー丸型〈20mm〉：1セット

❶ 布を裁つ　❷ レースにギャザーを寄せる　❸ 2枚の布とフリルを重ねる

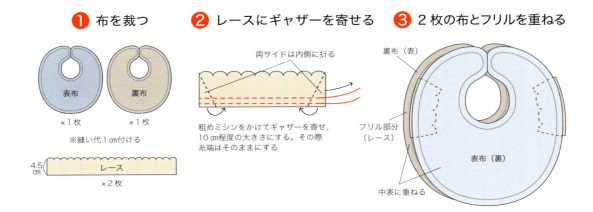

❹ 縫い合わせる　❺ 表に返す　❻ 仕上げ

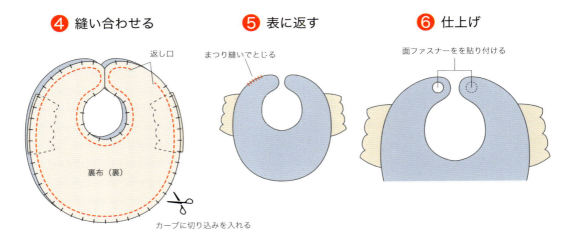

NO.10 森のスタイ①

作品掲載 ● P.18-19
難易度 ● A
仕上がりサイズ ● 26×18cm
実物大型紙 ● A面

材料 ● 表布／シーチング〈生成り〉：35×30cm
裏布／シーチング〈生成り〉：35×30cm
中芯／ドミット芯：35×30cm
襟布／シーチング〈緑〉：12×12cm×4枚
ボタン／木製13mm：2個
留め具／スナップボタン〈白〉8.6mm：1セット

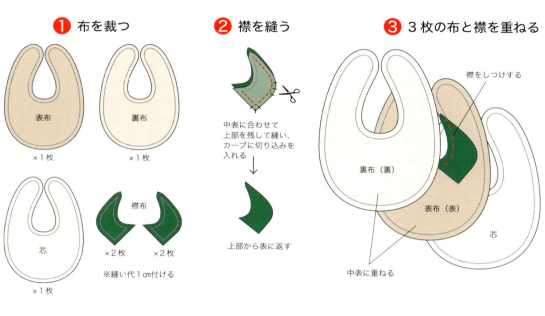

❶ 布を裁つ
❷ 襟を縫う
❸ 3枚の布と襟を重ねる

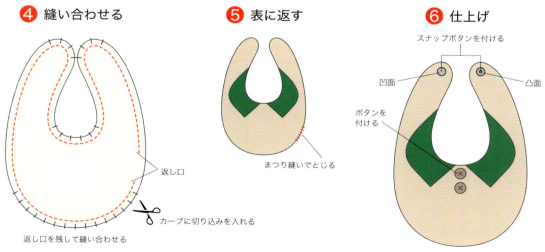

❹ 縫い合わせる
❺ 表に返す
❻ 仕上げ

NO.11 森のスタイ②

作品掲載 ● P.18-19
難易度 ● A
仕上がりサイズ ● 26×18cm
実物大型紙 ● A面

材料 ● 表布／シーチング〈生成り〉：35×30cm
裏布／シーチング〈生成り〉：35×30cm
中芯／ドミット芯：35×30cm
襟布／シーチング〈からし〉：12×12cm×4枚
ひも／綿100%〈生成り〉：35cm
毛糸／綿〈からし〉中細：適量
留め具／スナップボタン〈白〉：8.6mm：1セット
かぎ針3/0号

❶ 布を裁つ

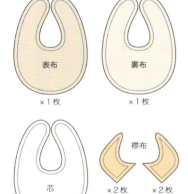

❷ 襟を縫う

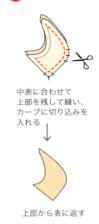

中表に合わせて上部を残して縫い、カーブに切り込みを入れる

上部から表に返す

❸ 3枚の布と襟を重ねる

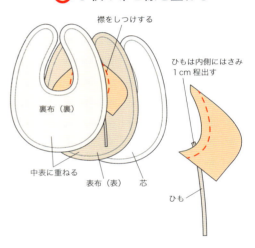

襟をしつけする
ひもは内側にはさみ1cm程出す
中表に重ねる
裏布（裏）
表布（表）
芯
ひも

❹ 縫い合わせる

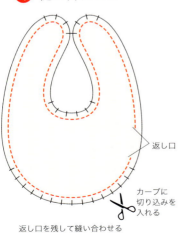

返し口
カーブに切り込みを入れる
返し口を残して縫い合わせる

❺ 表に返しポンポンを編む

まつり縫いでとじる

ポンポン編み方
①輪の中に細編み6目編み入れ、増目しながら三段目まで編む
②四段目で減目し、球状にして縫い止める

▲はじまり
△おわり

❻ ポンポンをつけ、完成

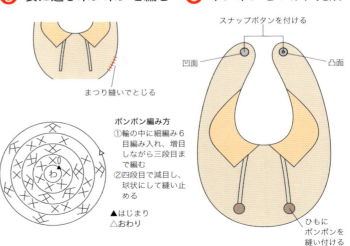

スナップボタンを付ける
凹面　凸面
ひもにポンポンを縫い付ける

NO.12 いちごのスタイ

作品掲載 ● P.20
難易度 ● B
仕上がりサイズ ● 26×19cm
実物大型紙 ● B面

材料 ● 表布／6重ガーゼ〈柄〉：30×22cm
裏布／ダブルガーゼ〈柄〉：30×22cm
葉 表布／6重ガーゼ〈緑〉：11×15cm
葉 裏布／ダブルガーゼ〈白〉：11×15cm
留め具／プラスナップボタン〈白〉10mm：1セット

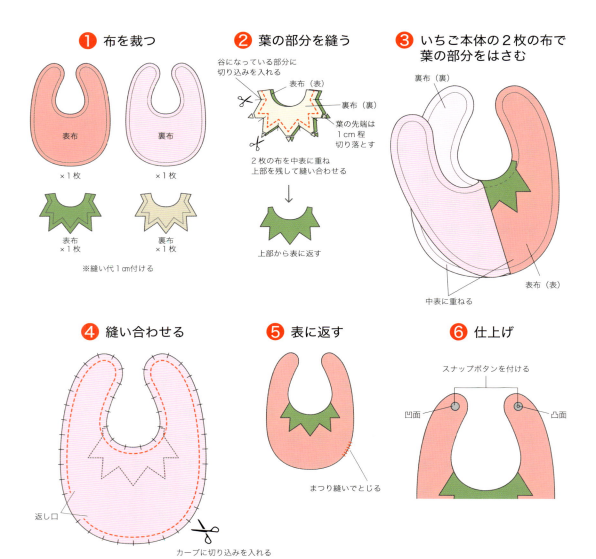

NO.13 首元がゴムのリバーシブルスタイ

作品掲載 ● P.21
難易度 ● B
仕上がりサイズ ● 19×20cm
実物大型紙 ● A面

材料 ● 表布／リネン〈青〉:25×25cm
裏布／ガーゼ〈柄〉:25×25cm
首ひも布／ガーゼ〈柄〉:15×75cm
平ゴム／1cm幅:36cm

❶ 布を裁つ

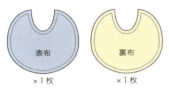

※縫い代1cm付ける

❷ 首ひもを作る

☆下記参照

❸ 縫い合わせる

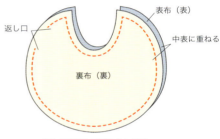

返し口を残して縫い合わせる

❹ 表に返す

まつり縫いでとじる

❺ 首ひもを付ける

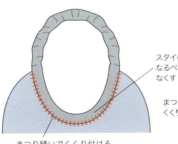

まつり縫いでくくり付ける

❻ 反対側もまつり付ける

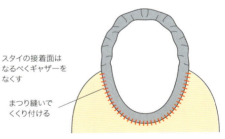

スタイの接着面はなるべくギャザーをなくす

まつり縫いでくくり付ける

首ひもの作り方

①
首ひも布を横半分に中表にし、上1cmのところを縫う

②
横のアキ部分から表に返し、平ゴムを入れる

③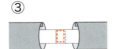
両端を折って筒状にし、平ゴムの両端を1cm程重ねて縫い合わせる

④
片側の布端を0.5cm程内側に折り、もう片側の布端に被せてまつり縫いで縫いとじる

NO.14 NO.15 360度使えるもくもくスタイ

作品掲載 ● P.22-23
難易度 ● B
仕上がりサイズ ● 25×25cm
実物大型紙 ● B面

材料 ● 表布／6重ガーゼ〈NO.14：青・NO.15赤〉：34×30cm
　　　裏布／ダブルガーゼ〈柄（共通）〉：34×30cm
　　　留め具／プラスナップボタン〈白〉10mm：2セット

❶ 布を裁つ

※縫い代1cm付ける

❷ 2枚の布を重ねる

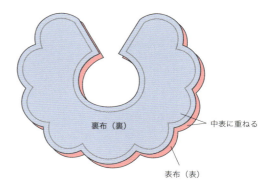

❸ 縫い合わせる

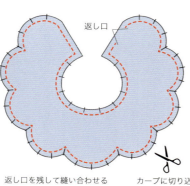

返し口を残して縫い合わせる　　カーブに切り込みを入れる

❹ 表に返す

まつり縫いでとじる

❺ 仕上げ

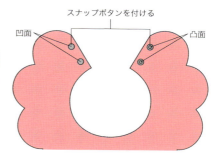

スナップボタンを付ける

NO.16 リバーシブルフリルスタイ

作品掲載 ● P.24-25
難易度 ● C
仕上がりサイズ ● 33×33cm
実物大型紙 ● A面

材料 ● 表布／綿ローン〈レース〉：40×40cm
裏布／ダブルガーゼ〈白〉：40×40cm
フリル布／綿ローン〈柄〉：170×10cm
留め具／プラスナップボタン〈白〉13mm：1セット
リボンクリップ布／綿ローン〈柄〉：10×15cm
グログランリボン〈白〉10mm：15cm
クリップピン48mm：1個
手芸用ボンド

❶ 布を裁つ

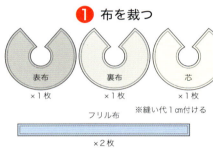

※縫い代1cm付ける

❷ フリルを作る

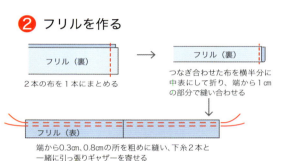

2本の布を1本にまとめる

つなぎ合わせた布を横半分に中表にして折り、端から1cmの部分で縫い合わせる

端から0.3cm、0.8cmの所を粗めに縫い、下糸2本と一緒に引っ張りギャザーを寄せる

❸ 表布にフリルを縫い付ける

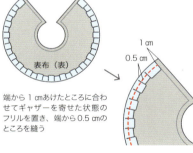

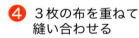

端から1cmあけたところに合わせてギャザーを寄せた状態のフリルを置き、端から0.5cmのところを縫う

❹ 3枚の布を重ねて縫い合わせる

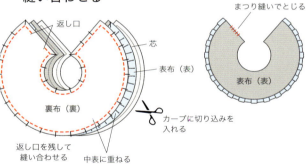

返し口を残して縫い合わせる
中表に重ねる
カーブに切り込みを入れる

❺ 表に返す

まつり縫いでとじる

リボンクリップの作り方

①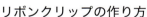
6×11cmにカットした布を表を中にして半分に折り、上1cmのところを縫う

②
表に返し整えたら、両端を折って筒状にし、0.5cm程重ね合わせて縫いとじる

③
中心にリボンを巻き、裏側でとじる

④
クリップピン全体に両面テープを貼り、さらにその上からグログランリボンを貼り付ける。内側下部から内側上部までぐるりと1周する

⑤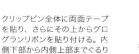
接着剤でリボンを貼り付ける

❻ ボタンを付ける

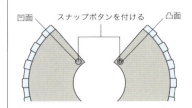

凹面　スナップボタンを付ける　凸面

NO.17 リスのにぎにぎ

作品掲載 ● P.26-27
難易度 ● A
仕上がりサイズ ● 11×13cm
実物大型紙 ● B面

材料 ● 表布／ダブルガーゼ〈ベージュ〉:15×20cm
裏布／ダブルガーゼ〈ベージュ〉:15×20cm
綿／ポリエステル:適量
刺しゅう糸／25番〈茶〉:適量

❶ 布を裁つ
❷ 縫い合わせる
❸ 切り込みを入れる

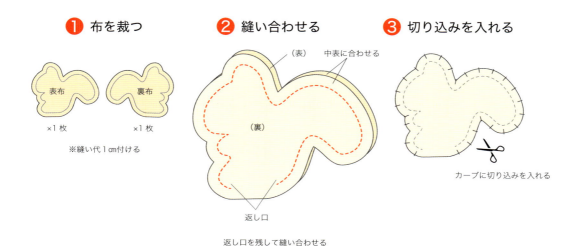

※縫い代1cm付ける

返し口を残して縫い合わせる

カーブに切り込みを入れる

❹ 表に返して綿を入れる
❺ 仕上げ

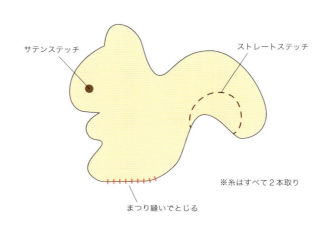

※糸はすべて2本取り

NO.18 NO.19 うさぎとくまのぬいぐるみ

作品掲載 ● P.28-29
難易度 ● A
仕上がりサイズ ● 30×15cm
実物大型紙 ● A面

材料 ●

【うさぎ】 表布／コットンパイル〈オフホワイト〉：40×25cm
　　　　　裏布／コットンパイル〈オフホワイト〉：40×25cm
　　　　　綿／ポリエステル：適量
　　　　　刺しゅう糸／25番〈茶・赤〉：適量

【くま】　 表布／コットンパイル〈水色〉：40×25cm
　　　　　裏布／コットンパイル〈水色〉：40×25cm
　　　　　綿／ポリエステル：適量
　　　　　刺しゅう糸／25番〈グレー・黄色〉：適量

❶ 布を裁つ

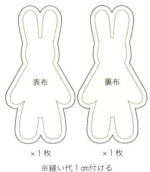

※縫い代1cm付ける

❷ 刺しゅうをする

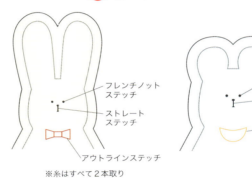

※糸はすべて2本取り

❸ 縫い合わせる

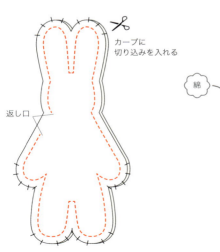

中表に合わせ返し口を残して縫い合わせる

❹ 表に返して綿を入れる

❺ 返し口をとじる

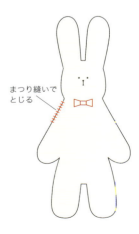

NO.20 リボンのヘアピン

作品掲載 ● P.30
難易度 ● A
仕上がりサイズ ● 6〜7cm
実物大型紙 ● なし

材料 ● リボン／お好みのリボン：9〜10cm
ボタン／お好みのボタン：1個
フェルト／適量
ヘアピン／1個
手芸用ボンド

❶ リボンを裁つ

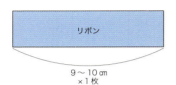

お好みのリボンを9〜10cm程でカットする
※型紙はありません

❷ リボン型に縫う

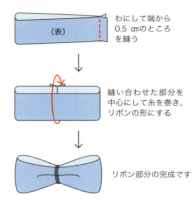

わにして端から0.5cmのところを縫う

縫い合わせた部分を中心にして糸を巻き、リボンの形にする

リボン部分の完成です

❸ 中心部分にボタンを縫い付ける

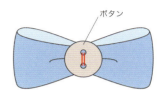

❹ フェルトを縫い付ける

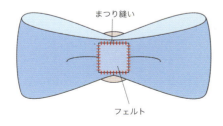

リボンの裏側に1cm四方にカットしたフェルトをまつり付ける

❺ 仕上げ

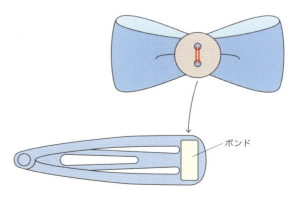

ピンの頭にボンドを付け、フェルト部分を貼り付ける

NO.21 リボンのターバン

作品掲載 ● P.31
難易度 ● B
仕上がりサイズ ● 4.5×8.5cm（リボン）
　　　　　　　　45〜49cm（ひも）
実物大型紙 ● B面

材料 ● ダブルガーゼ〈グレーベージュ〉：30×40cm
中芯／ドミット芯：10cm
ソフトゴム／1cm幅：10cm

❶ 布を裁つ

ターバン本体 ×1枚　※縫い代1cm付ける
ゴム入れ布 ×1枚

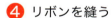

リボン本体 ×1枚　芯 ×1枚　リボン中心布 ×1枚
※縫い代0.5cm付ける　※縫い代なし

❷ 縫い合わせる

ターバン本体
ゴム入れ布

ターバン本体、ゴム入れ布をそれぞれ中表にして半分に折り、1cmのところを縫う

縫い目を中心にし、アイロンで縫い代を割る

表に返して整える

❸ 本体とゴムを縫う

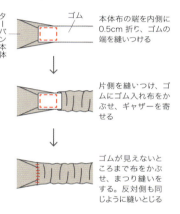

本体布の端を内側に0.5cm折り、ゴムの端を縫いつける

片側を縫いつけ、ゴムにゴム入れ布をかぶせ、ギャザーを寄せる

ゴムが見えないところまで布をかぶせ、まつり縫いをする。反対側も同じように縫いとじる

❹ リボンを縫う

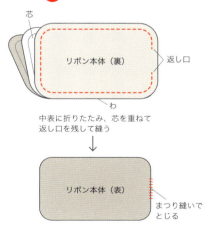

芯
リボン本体（裏）
返し口
わ

中表に折りたたみ、芯を重ねて返し口を残して縫う

リボン本体（表）
まつり縫いでとじる

返し口から表に返し、まつり縫いで縫いとじる

❺ 仕上げ

リボン中心布

リボン中心布を半分で折り、折り目に向かって両側1cmずつ倒す

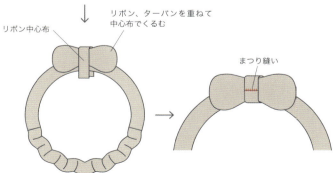

リボン中心布
リボン、ターバンを重ねて中心布でくるむ
まつり縫い

NO.22 パッチワークのおくるみ

作品掲載 ● P.32-33
難易度 ● A
仕上がりサイズ ● 75×75cm
実物大型紙 ● なし

材料 ● 表布／お好みの布：17×17cm×25枚
　　　裏布／フリース：80×80cm
　　　タッセル／4個

❶ 布を裁つ

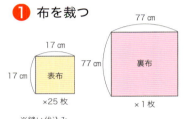

※縫い代込み
※型紙はありません

❷ 5枚1組の列をつくる

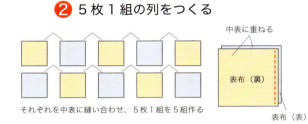

それぞれを中表に縫い合わせ、5枚1組を5組作る

❸ 列をつなぎ合わせる

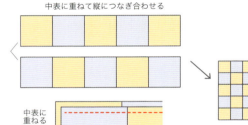

❹ 縫い合わせる

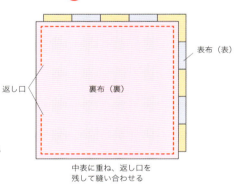

中表に重ね、返し口を残して縫い合わせる

❺ 表に返しステッチをかける

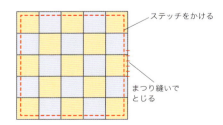

❻ 仕上げ

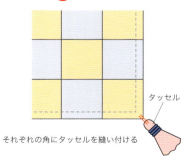

それぞれの角にタッセルを縫い付ける

NO.23 マーガレットのミトン

作品掲載 ● P.34
難易度 ● A
仕上がりサイズ ● 10×7.5cm
実物大型紙 ● B面

材料 ● 表布／ダブルガーゼ〈生成り〉：15×15cm×2枚
裏布／ダブルガーゼ〈生成り〉：15×15cm×6枚
刺しゅう糸／25番〈黄色・生成り・黄緑〉：適量
ソフトゴム／4mm幅：12cm×2本

❶ 布を準備し、刺しゅうする

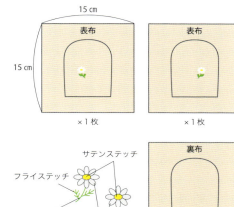

※糸はすべて2本取り

❷ 布を裁つ

※縫い代0.5cm付ける

❸ それぞれを縫い合わせる

中表で重ねて0.5cmのところを縫う

❹ 縫い合わせる

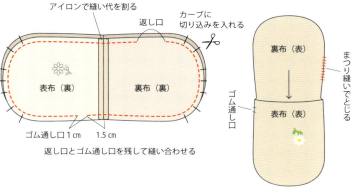

返し口とゴム通し口を残して縫い合わせる

❺ 表に返し、裏布を表布に入れ込む

❻ 仕上げ

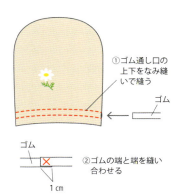

①ゴム通し口の上下をなみ縫いで縫う
②ゴムの端と端を縫い合わせる

奥山千晴
http://www.tolbiac.jp

佐藤あゆみ（cocoro）
https://minne.com/@tomeei

Joli Liberte
https://minne.com/@joliberte321

TOUKA
http://touka4kids.theshop.jp/

印刷物のため、作品の色は実際と違って見えることがあります。ご了承ください。本書の一部または全部をホームページに掲載したり、本書に掲載された作品を複製して店頭やネットショップなどで無断で販売することは著作権法で禁じられています。

撮影	小澤 右
モデル	土屋文乃
	矢作 陸
	（麗タレントプロモーション）
デザイン	山﨑裕実華
型紙・製図トレース	原山 恵
編集	河谷未来（株式会社 スタンダードスタジオ）

この本に関するお問い合わせ
TEL：03-5825-2285（株式会社 スタンダードスタジオ）

小さなスタイと赤ちゃん小物

2018年7月1日　第1刷発行
2020年12月10日　第3刷発行

編者	日本文芸社
発行者	吉田芳史
印刷・製本所	図書印刷株式会社
発行所	株式会社 日本文芸社
	〒135-0001 東京都江東区毛利2-10-18　OCMビル
	TEL 03-5638-1660（代表）

Printed in Japan　112180619-112201127Ⓝ03（201058）
ISBN978-4-537-21588-5
URL https://www.nihonbungeisha.co.jp/
©NIHONBUNGEISHA 2018
（編集担当 牧野）

乱丁・落丁本などの不良品がありあましたら、小社製作部宛にお送りください。送料小社負担にておとりかえいたします。法律で認められた場合を除いて、本書からの複写・転載（電子化を含む）は禁じられています。また、代行業者等の第三者による電子データ化及び電子書籍化は、いかなる場合も認められていません。